Il Ricettario Chetoge principianti

CW00493211

Ricette facili e semplici della Dieta Keto con piatti a basso contenuto di carboidrati.

Migliorare la salute del cervello, e alleviare i disagi del corpo con piatti gustosi per risparmiare tempo e denaro.

Susy Martini

Indice

Le informazioni contenute nelle pagine seguenti sono considerate, in linea di massima, un resoconto veritiero e accurato dei fatti e, in quanto tali, qualsiasi disattenzione, uso o abuso delle informazioni in questione da parte del lettore renderà qualsiasi azione risultante esclusivamente di loro competenza. Non esistono scenari in cui l'editore o l'autore originale di quest'opera possa essere in alcun modo ritenuto responsabile per eventuali disagi o danni che potrebbero verificarsi dopo aver intrapreso le informazioni qui descritte.

Inoltre, le informazioni contenute nelle pagine seguenti sono da intendersi solo a scopo informativo e vanno quindi considerate come universali. Come si addice alla loro natura, esse vengono presentate senza garanzie sulla loro validità prolungata o sulla loro qualità provvisoria. I marchi menzionati sono fatti senza il consenso scritto e non possono in alcun modo essere considerati un'approvazione da parte del titolare del marchio.

INTRODUZIONE

Sembra che tutti stiano facendo una dieta Keto; sono ovunque si guardi. Ci sono libri di cucina di dieta keto, ricette di dieta keto, così come numerosi canali YouTube e video per la dieta keto. Cos'è la dieta del keto? La dieta Keto è un programma dietetico specializzato a basso contenuto di carboidrati, moderatamente proteico e ad alto contenuto di grassi che si concentra sul mettere il corpo in uno stato di chetosi. La chetosi può essere ottenuta riducendo drasticamente l'assunzione di carboidrati o il digiuno.

. Come il corpo comincia a bruciare i grassi immagazzinati per l'energia, i chetoni appaiono nel sangue. I chetoni sono prodotti se c'è un accesso limitato ai carboidrati dalla dieta o dal grasso corporeo immagazzinato. Quando il corpo brucia i chetoni per l'energia, si dice che sia in uno stato di "chetosi".

Cosa sono i chetoni?

I corpi chetonici appaiono nel sangue quando la produzione di glucosio dai depositi di glicogeno è stata esaurita. I muscoli e il fegato immagazzinano glicogeno costituito da lunghe catene di molecole di glucosio. Le catene sono relativamente facili da scomporre in glucosio. Come risultato della scomposizione, il glucosio entra nel flusso sanguigno e aumenta i livelli di zucchero nel sangue.

Il fegato è in grado di produrre chetoni dal grasso. Essi appaiono nel sangue come risultato della ripartizione degli acidi grassi e hanno diversi ruoli importanti che includono:

Miglioramento della funzione neurologica

Aumentare la vigilanza

Fornire energia agli organi vitali come il cuore e il cervello, che non possono bruciare gli acidi grassi per l'energia.

Gli acidi grassi sono anche usati per fare il coenzima Q10 (CoQ10), un importante antiossidante liposolubile nel corpo che supporta il cuore, il cervello e molte altre funzioni. Q10 aiuta a fornire energia ai mitocondri nelle cellule e rilascia energia dall'ATP. I chetoni svolgono anche un ruolo nel controllo dei livelli di zucchero nel sangue aiutando a mantenere la sensibilità all'insulina (fare riferimento a questo articolo per i dettagli).

La dieta keto è una dieta a basso contenuto di carboidrati, moderata di proteine, ad alto contenuto di grassi. Funziona passando dall'uso di glucosio (zucchero) per l'energia all'uso di chetoni metabolicamente attivi. Il glucosio è la principale fonte di energia per il corpo sotto forma di glicogeno immagazzinato nel fegato e nei muscoli. Il processo di scomposizione e di utilizzo del glucosio per produrre energia è chiamato glicolisi.

È uno dei processi chiave che il corpo utilizza per produrre energia e mantenere l'omeostasi. Il glucosio viene utilizzato per la contrazione muscolare, la sintesi proteica e altre attività cellulari. Produce ATP e adenosina difosfato (ADP). Quando i livelli di glucosio nel sangue scendono al di sotto della gamma normale, il

Il corpo rilascia il glucosio immagazzinato dal fegato, che è chiamato glicogenolisi. Questo processo permette al glucosio di essere rilasciato nel flusso sanguigno per la produzione di energia. La glicogenolisi è innescata da ormoni come il glucagone, l'epinefrina e l'ormone della crescita. Si verifica anche dopo i pasti per mantenere i livelli di zucchero nel sangue. Se questo processo non è abbastanza attivo, allora il corpo rilascerà depositi di glicogeno. Il corpo può immagazzinare fino a 2.000 calorie di glucosio e glicogeno nel fegato e nei muscoli. Durante il digiuno, il fegato scompone i grassi in chetoni per mantenere i livelli di energia e fornire energia ad altri organi vitali come il cuore e il cervello.

La dieta chetogenica è basata sull'autofagia. Questo processo significa che il corpo ha la capacità di scomporre e utilizzare le riserve cellulari per l'energia senza dover utilizzare glucosio o proteine provenienti da fonti esterne. L'autofagia è governata dalla molecola di segnalazione dei nutrienti, la proteina chinasi attivata AMP (AMPK). L'importanza dell'AMPK, un bersaglio di molti interventi diversi, è stata scoperta per la prima volta all'inizio degli anni '80. È stata soprannominata "regolatore principale dell'omeostasi metabolica" perché agisce per accendere e spegnere interruttori e sensori nella cellula per regolare i processi metabolici. L'autofagia è un processo importante che mantiene la salute cellulare, regola la durata della vita di una persona rimuovendo le cellule danneggiate o malate e ha un ruolo nella longevità. In questo articolo daremo un'occhiata alla dieta chetogenica in relazione alla ricerca sull'autofagia.

Impacchi di pollo-avvocado di lattuga

Tempo di preparazione: 10 minuti

Tempo di cottura: nessuno

Porzioni: 4

INGREDIENTI:

- ½ avocado
- 1/3 di tazza di maionese senza latte
- 1 cucchiaino appena spremuto
- succo di limone
- 2 cucchiai di timo fresco tritato
- 1 (6-oz) petto di pollo cotto, tritato
- Sale marino e pepe nero appena macinato, a piacere
- 8 foglie grandi di lattuga

DIREZIONE:

1. In una ciotola, schiacciare l'avocado con la maionese, il succo di limone e il timo fino a quando non sono ben combinati.

2. Mescolare il pollo tritato e condire con sale e pepe.

3. Mettere l'insalata di pollo a cucchiaio nelle foglie di lattuga.

4. Servire 2 involucri di lattuga a persona.

NUTRIZIONE: Carboidrati - 9 g di grassi - 20 g di proteine - 12 g di calorie - 264

Stufato di agnello irlandese

Tempo di preparazione: 20 minuti

Tempo di cottura: 30 minuti

Porzioni: 6

INGREDIENTI:

- 8 costolette d'agnello piccole
- 4 patate, a cubetti
- 1 cipolla sbucciata e tritata
- 1 cucchiaino di pepe nero in grani
- 1 cucchiaino di rosmarino fresco
- 1 cucchiaino di timo fresco
- 1 porro (solo parte bianca), tritato
- 1 tazza di funghi a bottone
- 4 spicchi d'aglio pelati e tritati
- 4 tazze di brodo vegetale

- 1 tazza di carote tritate
- 1 cucchiaio di olio di cocco

DIREZIONE:

1. Scaldare una padella a media cottura con l'olio di cocco e rosolare le costolette d'agnello.
2. Aggiungere il porro, l'aglio e le patate e far cuocere per altri 3 minuti.
3. Aggiungere tutti gli ingredienti, compresi l'agnello, il porro e l'aglio, in un grande brodo e far cuocere a fuoco lento per 25 minuti.

NUTRIZIONE: Carboidrati - 8 g di grassi - 22 g di proteine - 20 g di calorie - 309

Pollo Fajita al cocco

Tempo di preparazione: 10 minuti

Tempo di cottura: 1 ora e 10 minuti

Porzioni: 4

INGREDIENTI:

- 4 petti di pollo disossati e senza pelle
- ½ cipolla bianca sbucciata e tagliata sottile
- 1 peperone rosso, seminato e tritato
- 1 peperone giallo, seminato e tritato
- 1 peperone verde, seminato e tritato
- ½ lattina di latte di cocco intero
- 1 cucchiaio di olio di cocco
- 1 pizzico di fiocchi di pepe rosso

DIREZIONE:

1. Preriscaldare il forno a 425°F e ricoprire una teglia con olio di cocco.

2. In una padella grande, fate soffriggere il pollo con la cipolla e i peperoni fino a quando il pollo e le verdure non cominciano a rosolare.

3. Aggiungere il latte di cocco e mescolare.

4. Trasferire il composto di pollo nella teglia e cuocere per circa 45 minuti.

5. Condite con fiocchi di pepe rosso.

NUTRIZIONE: Carboidrati - 5 g di grassi - 14 g di proteine - 27 g di calorie - 251

Pollo al curry con lime

Tempo di preparazione: 10 minuti

Tempo di cottura: 30 minuti

Dosi: 2

INGREDIENTI:

- 14 oz di crema al cocco
- ½ peperoncino rosso, tritato
- 1 peperone rosso a fette
- 2 spicchi d'aglio
- Un pezzo da 1 pollice di zenzero, grattugiato
- 1 porro, affettato
- 11/3 libbre di cosce di pollo disossate, tagliate a dadini
- 1 cucchiaio di curry in polvere
- 2 cucchiai di olio di cocco
- 2 gambi di citronella, schiacciati
- Sale e pepe, a piacere

DIREZIONE:

1. Riscaldare l'olio in una grande padella.

2. Aggiungere lo zenzero, il curry e la citronella.

3. Mettere metà del pollo nella padella e cuocere fino a quando non sarà rosolato.

4. Aggiungere un po' di pepe e sale.

5. Togliere solo il pollo, e poi aggiungere il resto del pollo. Cuocere fino a far rosolare.

6. Togliere il pollo e aggiungere il porro. Lasciare che le verdure diventino dorate, ma mantenere la loro croccantezza.

7. Aggiungere la crema di pollo e cocco e lasciare cuocere il tutto a fuoco lento per 5-10 minuti.

NUTRIZIONE: Carboidrati - 8 g di grassi - 31 g di proteine - 26 g di calorie - 441

Pollo con verdure

Tempo di preparazione: 10 minuti

Tempo di cottura: 30 minuti

Dosi: 2

INGREDIENTI:

- 4¼-oz di burro alle erbe
- 4 petti di pollo
- 8 cucchiai di olio d'oliva
- 1 cucchiaino di rosmarino
- ½ cucchiaino di pepe
- 1 cucchiaino di sale
- 8 oz di funghi
- 8 oz di pomodori ciliegini
- 1 libbra di cavoletti di Bruxelles

DIREZIONE:

1. Preriscaldare il forno a 400°F.
2. Mettere le verdure in una teglia da forno e condirle con il rosmarino, il pepe e il sale.
3. Aggiungere l'olio d'oliva e mescolare il tutto.
4. Cuocere in forno per 20 minuti. Le verdure avrebbero dovuto iniziare a caramellare.
5. Condite il pollo con pepe e sale se necessario e poi friggete nel burro.

NUTRIZIONE: Carboidrati - 9 g di grassi - 72 g di proteine - 58 g di calorie - 908

Pancetta candita

Tempo di preparazione: 15 minuti

Tempo di cottura: 20 minuti

Porzioni: 4

INGREDIENTI:

- 6 fette di pancetta non stagionata
- ½ tazza di sciroppo d'acero senza zucchero
- ½ cucchiaino di estratto di vaniglia puro
- ¼ di tazza di scaglie di cioccolato fondente senza zucchero
- 2 cucchiai di olio di cocco
- ½ cucchiaino di sale marino + altro per servire

DIREZIONE:

1. Preriscaldare il forno a 350°F e foderare una teglia con carta pergamena.
2. Unire lo sciroppo d'acero, la vaniglia e ½ cucchiaino di sale in una piccola ciotola e frullare.
3. Immergere le strisce di pancetta nell'impasto, ricoprendo entrambi i lati, e posizionarle sulla teglia foderata di pergamena.
4. Cuocere in forno per 20-25 minuti.
5. Cinque minuti prima che la pancetta sia pronta per la cottura, mettete le scaglie di cioccolato e l'olio di cocco in una piccola pentola a fuoco lento e sbattete a fuoco lento fino a quando non si sarà sciolto. Togliere dal fuoco.
6. Una volta cotta la pancetta, lasciarla raffreddare e poi tagliarla in quadrati di 1 pollice, per un totale di 28 totali.

7. Immergere i quadratini di pancetta nel cioccolato e rimetterli sulla teglia foderata di pergamena o, se necessario, in un contenitore più piccolo foderata di pergamena.
8. Mettere in frigorifero per 30 minuti per impostare.
9. Servire fresco e conservare gli avanzi in frigorifero.

NUTRIENTI AL SERVIZIO: Carboidrati - 9 g di grassi - 25 g di proteine - 12 g di calorie - 284

Hamburger di pancetta piccante

Tempo di preparazione: 10 minuti

Tempo di cottura: 20 minuti

Porzioni: 4

INGREDIENTI:

- 1 libbra di carne macinata
- 8 strisce di pancetta
- 1 cipolla sbucciata e tagliata a fette sottili
- 2 pomodori, senza semi, tritati
- 2 peperoni jalapeño, seminati e tritati
- 1 cucchiaino di cumino
- 16 foglie di lattuga
- 2 cucchiai di olio di cocco per cucinare

DIREZIONE:

1. Mettere la carne di manzo macinata in una terrina con i peperoni jalapeño tritati e il cumino. Mescolare fino ad ottenere un composto.

2. Formare 8 piccole polpettine a forma di cursore.

3. Cuocete in una grande padella con l'olio di cocco per circa 5 minuti per lato, o fino a cottura a vostro piacimento.

4. Cuocere le strisce di pancetta in una padella separata con olio di cocco, circa 10 minuti per lato.

5. Per formare gli hamburger, usando la lattuga come base, aggiungere l'hamburger, il formaggio cheddar, la cipolla a fette, il pomodoro e un'altra foglia di lattuga. Completare con 2 strisce di pancetta per porzione.

NUTRIZIONE: Carboidrati - 14,3 g di grassi - 6,97 g di proteine - 1,18 g di calorie - 126

Polpettone di carne alle erbe

Tempo di preparazione: 20 minuti

Tempo di cottura: 60 minuti

Porzioni: 6

INGREDIENTI:

- 2 libbre di carne macinata
- 2 uova
- 1 cipolla grande, tritata
- 4 spicchi d'aglio, tritati
- 1 manciata di prezzemolo fresco
- 5 cucchiai di concentrato di pomodoro, diviso
- 1 cucchiaino di origano
- 1 cucchiaino di sale marino
- 2 cucchiai di rosmarino fresco

DIREZIONE:

1. Preriscaldare il forno a 425°F.

2. Aggiungere la carne di manzo macinata, le uova, l'aglio, le cipolle e il prezzemolo in una ciotola e mescolare.

3. Aggiungere 4 cucchiai di concentrato di pomodoro e mescolare.

4. Versare il polpettone in una teglia da forno unta d'olio.

5. Prendete il rimanente 1 cucchiaio di concentrato di pomodoro e annacquatelo con 1 cucchiaio. Mettetelo da parte.

6. Cuocere per 1 ora. Rivestire con il concentrato di pomodoro annacquato e il rosmarino.

NUTRIZIONE: Carboidrati - 5 g di grassi - 20 g di proteine - 24 g di calorie - 304

Pollo dei Caraibi

Tempo di preparazione: 10 minuti

Tempo di cottura: 20 minuti

Porzioni: 4

INGREDIENTI:

- 4 petti di pollo con osso e pelle
- 1 cipolla rossa sbucciata e tritata
- 4 cucchiai di olio di cocco fuso
- 1 cucchiaio di salsa di soia
- 1 cucchiaino di calce
- 2 cucchiaini di zenzero macinato

- 1 cucchiaio di pepe jalapeño, seminato e tritato
- Succo di 1 calce
- 1 carota, tagliata a strisce

DIREZIONE:

1. Purea tutti gli ingredienti in un robot da cucina ad eccezione dei petti di pollo.

2. Trasferire la marinata in una ciotola e aggiungere i petti di pollo. Lasciate marinare per almeno 2 ore in frigorifero prima della cottura.

3. Dopo che il pollo è marinato, riscaldare la griglia e grigliare ogni lato del pollo per circa 10 minuti. Grigliare le carote insieme al pollo.

4. Servire con le strisce di carote.

NUTRIZIONE: Carboidrati - 3 g di grassi - 17 g di proteine - 27 g di calorie - 268

Pattie giamaicano

Tempo di preparazione: 20 minuti

Tempo di cottura: 40 minuti

Dosi: 2

INGREDIENTI:

- 2 uova
- ½ tazza di latte di cocco
- 2 cucchiai di olio di cocco
- ½ tazza di farina di cocco
- ½ cucchiaino di lievito in polvere
- 1 cucchiaino di curcuma
- ½ libbra di manzo macinato
- ½ cipolla, pelata e tritata
- 1 pizzico di cumino

- 1 pizzico di sale e pepe nero macinato
- 1 peperone jalapeño, seminato e tritato

DIREZIONE:

1. Sbattere il latte e le uova fino a quando non sono ben combinati.
2. Aggiungere l'olio di cocco e la farina di cocco e frullare.
3. Aggiungere la curcuma, il sale e il pepe nero. Mescolare fino ad ottenere un composto omogeneo.
4. Far soffriggere la cipolla in un tegame con la carne di manzo macinata, il cumino e il pepe jalapeño tritato. Cuocere per 10 minuti.
5. Preriscaldare il forno a 350° F.
6. Prendete la pasta e fate 4 palline. Stendere la pasta sulla teglia da forno rivestita di carta pergamena. Aggiungere il composto di manzo su due pezzi di pasta.
7. Mettere un pezzo di pasta su un altro per creare 2 grandi polpettoni giamaicani e premere per sigillare i bordi.
8. Cuocere in forno per 30 minuti.

NUTRIZIONE: Carboidrati - 13 g di grassi - 23 g di proteine - 14 g di calorie - 307

Bistecca cubana con cipolle

Tempo di preparazione: 10 minuti

Tempo di cottura: 10 minuti

Porzioni: 4

INGREDIENTI:

- 1 libbra di bistecca di controfiletto
- 2 spicchi d'aglio, pelati e tritati
- 1 cucchiaino di condimento adobo
- ¼ di tazza di aceto
- 3 cipolle rosse grandi, pelate e affettate

DIREZIONE:

1. In una grande terrina, mescolate insieme l'aglio, il condimento adobo e l'aceto.
2. Aggiungere la bistecca alla miscela di condimento e marinare per 30 minuti.

---

3. Mentre la bistecca è in marinatura, fate soffriggere le cipolle in una grande padella a fuoco medio con olio di cocco fino a renderle traslucide. Mettere da parte una volta cotte.

4. Nello stesso tegame che avete usato per le cipolle e cuocete la bistecca fino a quando non avrete raggiunto la cottura desiderata. Servire con le cipolle.

NUTRIZIONE: Carboidrati - 12 g di grassi - 12 g di proteine - 24 g di calorie - 259

Spiedini di filetto di maiale al cocco e zenzero

Tempo di preparazione: 20 minuti

Tempo di cottura: 15 minuti

Porzioni: 4

INGREDIENTI:

- ½ tazza di latte di cocco
- 2 cucchiai di zenzero, pelato e tritato grossolanamente
- 1 scalogno, tritato grossolanamente
- 1 cucchiaino di zucchero di canna
- 2 cucchiai di coriandolo a terra
- ½ cucchiaino di cumino macinato

- ¼ di cucchiaino di pepe di cayenna macinato
- 1 cucchiaino di sale marino
- Filetto di maiale da 1½ libbra, tagliato in pezzi da 2 pollici

DIREZIONE:

1. Preriscaldare il forno a 400°F. Rivestire una teglia a fogli con carta pergamenacea.

2. In un frullatore, unire il latte di cocco, lo zenzero, lo scalogno, lo zucchero di canna, il coriandolo, il cumino, la cayenna e il sale. Far passare il purè fino ad ottenere un composto omogeneo.

3. Versate la marinata sul filetto di maiale e lasciate riposare per almeno 15 minuti.

4. Infilare la carne di maiale su spiedini e trasferirla nella padella.

5. Cuocere per 15 minuti.

NUTRIZIONE: Carboidrati - 5 g di grassi - 15 g di proteine - 37 g di calorie - 279

VEGETALI

Asparagi arrostiti

Tempo di preparazione: 5 minuti

tempo di cottura: 15 minuti

Porzioni: 4

INGREDIENTI:

- Asparagi da 12 once, rifilati
- 6 pomodori ciliegini, dimezzati
- 12 olive greche, essiccate
- 3 cucchiai di olio d'oliva
- 2 once di formaggio feta intero grasso, sbriciolato

DIREZIONE:

1. Impostare il forno a 400 gradi F e lasciare preriscaldare.
2. Nel frattempo, prendere una teglia da forno, aggiungere l'olio e poi gli asparagi e arrotolare fino a ricoprirli bene con l'olio.
3. Mettere la teglia in forno riscaldato e cuocere per 12 minuti o fino ad arrostirla.
4. Togliere la teglia dal forno, aggiungere i pomodori e continuare la cottura per altri 3 minuti o fino a quando i pomodori saranno arrostiti.

5. Una volta fatto, cospargere olive e formaggio su asparagi e olio e mescolare fino a quando non si è appena mescolato.

6. Servire immediatamente.

NUTRIZIONE: Calorie: 55,4 Cal, Carboidrati: 3,1 g, Grassi: 4,7 g, Proteine: 1,4 g, Fibre: 1,5 g.

Zuppa di cavolfiore e parmigiano

Tempo di preparazione: 5 minuti

Tempo di cottura: 35 minuti

Porzioni: 6

INGREDIENTI:

- 1 testa media di cavolfiore, cimette tritate
- 1/2 di cipolla bianca media, pelata e affettata
- ½ di porro medio, affettato
- 4 cucchiai di burro non salato
- ¾ cucchiaino di sale
- ½ cucchiaino di pepe nero incrinato
- 2 cucchiai di timo fresco, tritato
- 4 cucchiai di olio d'oliva
- 1 tazza di parmigiano reggiano grattugiato, grasso intero
- 2 tazze di brodo vegetale
- 3 tazze d'acqua

DIREZIONE:

1. Mettete una pentola grande a fuoco medio, aggiungete 2 cucchiai di burro e cuocete fino a far sciogliere completamente.

2. Aggiungere poi cipolla, porro e sale e far cuocere per 3-5 minuti o fino a quando non si sarà ammorbidito.

3. Aggiungere la metà dei fiori di cavolfiore tritati, l'olio, il brodo vegetale e l'acqua e mescolare fino ad ottenere un composto.

4. Portare il composto a bollore e cuocere a fuoco lento per 15 minuti o fino a quando il cavolfiore è tenero.

5. Mescolare in una porzione di ¾ delle rimanenti cime di cavolfiore nella pentola e continuare a far bollire a fuoco lento fino a quando sarà tenero.

6. Nel frattempo, mettete una padella a fuoco medio, aggiungete il burro rimasto, le cimette di cavolfiore e il timo rimasti a pezzetti e fate cuocere per 3-5 minuti o fino a quando il burro comincia a bollire e il cavolfiore è ben dorato.

7. Quando il cavolfiore è in cottura, togliere la pentola dal fuoco e frullare con un frullatore a bastoncino fino a lisciatura.

8. Top zuppa con cavolfiore rosolato e serve.

NUTRIZIONE: Calorie: 240 Cal, Carboidrati: 7 g, Grassi: 20 g, Proteine: 8 g, Fibre: 3 g.

Insalata di mozzarella di pomodoro

Tempo di preparazione: 5 minuti

Tempo di cottura: 0 minuti

Porzioni: 8

INGREDIENTI:

- 5 pomodori medi
- 1 mazzo di foglie di basilico fresco
- 1 cucchiaino di sale marino
- ½ cucchiaino di pepe nero incrinato
- 2 tazze di aceto di sidro di mele
- ¼ di tazza di olio d'oliva
- Tronchetti di mozzarella fresca da 32 once, grassi integrali

DIREZIONE:

1. Tagliare il pomodoro e il formaggio a fette di mezzo centimetro di spessore e poi disporre queste fette con il basilico in modo alternato su due file in una piccola casseruola.

2. Cospargere con olio e aceto e condire con sale e pepe nero.

3. Servire immediatamente.

NUTRIZIONE: Calorie: 289 Cal, Carboidrati: 1 g, Grassi: 25 g, Proteine: 18 g, Fibre: 0,2 g.

Gnocchi

Tempo di preparazione: 5 minuti

Tempo di cottura: 20 minuti

Porzioni: 6

INGREDIENTI:

- 3 zucchine medie, spiralizzate
- 3,5 once e mezzo di spinaci freschi
- 1/3 tazza di farina di mandorle
- 2 1/2 cucchiai e mezzo di farina di cocco
- 1/2 cucchiaino di sale marino
- 1/2 cucchiaino di pepe nero incrinato
- 1/16 cucchiaino di noce moscata macinata
- 3 cucchiai di olio d'oliva
- 2 uova medie, allevamento al pascolo
- 8,8 oncia di ricotta, intero grasso
- 1/2 tazza di parmigiano grattugiato, intero grasso

- 3 tazze di salsa di pasta al pomodoro, non zuccherata

DIREZIONE:

1. Impostare il forno a 350 gradi F e lasciare preriscaldare.

2. Nel frattempo, sbollentate gli spinaci in acqua bollente per 30 secondi o fino a quando le foglie non appassiscono e lasciate raffreddare.

3. Quindi tamponare per eliminare l'umidità in eccesso dagli spinaci e tritare e mettere in una ciotola.

4. Aggiungere gli altri ingredienti tranne il sugo di zucchine e il sugo per la pasta e mescolare fino a quando non sono ben amalgamati.

5. Modellare la miscela in 18 piccole palline di gnocco, ognuna di circa 2 cucchiaini.

6. Prendete un piatto a prova di calore, versate la salsa di pomodoro e disponeteci dentro i gnocchi.

7. Versate dell'olio sopra i gnocchi e mettete la teglia in forno per cuocere per 35-40 minuti o fino a quando la parte superiore è ben dorata.

8. Servire gnocchi con spaghetti alle zucchine a spirale.

NUTRIZIONE: Calorie: 452 Cal, Carboidrati: 14,4 g, Grassi: 38,9 g, Proteine: 14 g, Fibre: 4,3 g.

Cavolini di Bruxelles arrostiti

Tempo di preparazione: 5 minuti

Tempo di cottura: 10 minuti

Porzioni: 5

INGREDIENTI:

- Cavoletto di Bruxelles da 1 libbra
- 1 cucchiaino di aglio tritato
- 1 cucchiaio di prezzemolo tritato
- 1/2 cucchiaino di sale
- 1/4 di cucchiaino di pepe nero incrinato
- 3 cucchiai di olio d'oliva
- 2 cucchiaini di succo di limone
- 1 cucchiaio di scorza di limone
- 1 cucchiaio di pasta di senape
- 2 cucchiai di parmigiano grattugiato, grasso integrale

DIREZIONE:

1. Tagliare il cavoletto di Bruxelles, sciacquare bene, poi tagliarlo in quarti e lasciarlo riposare per 5 minuti.
2. Prendere un piroscafo, riempirlo con acqua di 1 pollice, aggiungere i germogli e lasciare cuocere a vapore per 8-10 minuti o fino a quando sarà tenero.
3. Nel frattempo, mettete gli ingredienti rimanenti, tranne il formaggio e la scorza di limone, in una grande ciotola e mescolate fino a quando non sono combinati.
4. Aggiungere i germogli cotti al vapore e mescolare fino a quando non sono ben ricoperti.
5. Ricoprire con formaggio e scorza di limone e servire.

NUTRIZIONE: Calorie: 147,8 Cal, Carboidrati: 9,4 g, Grassi: 11,6 g, Proteine: 4,2 g, Fibre: 3,3 g.

Purè di cavolfiore

Tempo di preparazione: 5 minuti

Tempo di cottura: 20 minuti

Porzioni: 4

INGREDIENTI:

- 2 libbre di fiori di cavolfiore
- 1 cucchiaino di aglio tritato
- 1 cucchiaino di sale
- ½ cucchiaino di pepe nero incrinato
- ½ cucchiaino di fiocchi di pepe rosso
- ½ cucchiaino di curcuma in polvere
- 1 cucchiaino di scorza di limone
- 2 cucchiai di burro non salato
- 1 cucchiaino di olio d'oliva
- ¼ di tazza di yogurt greco

DIREZIONE:

1. Riempire una grande pentola mezza piena d'acqua e portare a ebollizione a fuoco medio-alto.
2. Aggiungere i fiori di cavolfiore e far bollire per 15 minuti o fino a quando saranno teneri.
3. Poi scolare bene le cimette di cavolfiore, tornare in pentola e aggiungere aglio, burro, olio e yogurt.
4. Frullare il composto con un frullatore a bastoncino fino ad ottenere un composto liscio, poi aggiungere sale, pepe nero,

curcuma e fiocchi di pepe rosso e continuare a frullare fino a ottenere un composto soffice.

5. Mescolare la scorza di limone e servire immediatamente.

NUTRIZIONE: Calorie: 221 Cal, Carboidrati: 10,1 g, Grassi: 20,4 g, Proteine: 5,4 g, Fibre: 3,2 g.

Finocchio brasato al limone

Tempo di preparazione: 10 minuti

Tempo di cottura: 1 ora e 40 minuti

Dosi: 2

INGREDIENTI:

- 2 libbre lampadine di finocchio
- ¾ di libbra di limoni
- 1 cucchiaino di aglio tritato
- 1 ½ cucchiaino di sale marino
- ¾ cucchiaino di pepe nero incrinato
- 2 cucchiaini di rosmarino fresco, tritato
- 1 cucchiaino di timo fresco tritato
- 6 cucchiai di aceto di sidro di mele
- 1/4 di tazza di olio d'oliva

DIREZIONE:

1. Impostare il forno a 375 gradi F e lasciare preriscaldare.

2. Nel frattempo, affettate il bulbo di finocchio a spicchi, affettate i limoni a spicchi sottili e sistemateli in una grande teglia da forno in un unico strato.

3. Sbattere insieme aglio, rosmarino, timo, aceto, timo e olio fino ad unirli, versare questo composto in modo uniforme sulle verdure nella teglia, condire con sale e pepe nero e coprire con un foglio di alluminio.

4. Mettete questa teglia in forno riscaldato e cuocete per 1 ora, poi scoprite la teglia e continuate a cuocere per 30-40 minuti o fino a quando le verdure saranno arrostite e croccanti.

5. Servire subito con pollo al forno.

NUTRIZIONE: Calorie: 128 Cal, Carboidrati: 11,5 g, Grassi: 9,3 g, Proteine: 1,9 g, Fibre: 4,7 g.

Broccoli arrostiti

Tempo di preparazione: 5 minuti

Tempo di cottura: 15 minuti

Porzioni: 4

INGREDIENTI:

- 4 tazze di fiori di broccoli
- 10 olive nere snocciolate, affettate
- 1 cucchiaino di aglio tritato
- ¼ di cucchiaino di sale
- 1 cucchiaino di origano essiccato
- ½ cucchiaino di scorza di limone
- 1 cucchiaio di succo di limone
- 1 cucchiaio di olio d'oliva

DIREZIONE:

1. Impostare il forno a 450 gradi F e lasciare preriscaldare.

2. Nel frattempo, mettete le cimette di broccoli in una ciotola, aggiungete l'aglio, il sale, l'olio e saltate fino a ricoprirle uniformemente.

3. Stendere questa miscela in un unico strato su una teglia da forno e metterla in forno riscaldato.

4. Cuocere in forno per 12-15 minuti o fino a quando i fiori di broccolo sono teneri e di un bel colore marrone dorato.

5. Mentre i broccoli cuociono, mescolate insieme le olive, la scorza di limone e il succo di limone.

6. Quando le verdure sono pronte, trasferirle in un piatto da portata, aggiungere il composto di olive e mescolare fino ad ottenere un composto omogeneo.

7. Servire subito.

NUTRIZIONE: Calorie: 143 Cal, Carboidrati: 7 g, Grassi: 11 g, Proteine: 3 g, Fibre: 4 g.

MINESTRE E STUFATI

Zuppa di cavolfiore arrosto al curry rosso piccante

Tempo di preparazione: 15 minuti

Tempo di cottura: 40 minuti

Dosi: 2

INGREDIENTI:

- 1 cucchiaio di pasta al curry rosso tailandese
- ½ cavolfiore grande, tagliato in cimette
- 2 tazze di brodo vegetale, a basso contenuto di sodio
- 1/8 cucchiaino di sale rosa himalayano
- Lattina da 7 oz. di latte di cocco, non zuccherato

DIREZIONI:

1. Preriscaldare il forno a 4000F e ingrassare una teglia.
2. Disporre i fiocchi di cavolfiore sulla teglia e cuocere per circa 20 minuti.
3. Mettere il cavolfiore arrostito e il brodo vegetale in un frullatore e frullare fino ad ottenere un composto omogeneo.
4. Versare questo composto nella pentola e aggiungere la pasta di curry rosso tailandese, il brodo vegetale, il latte di cocco e il sale rosa.

5. Mescolare bene e lasciare cuocere per circa 20 minuti a fuoco lento. Servire caldo.

NUTRIZIONE: Calorie 269 Grassi 24,1g Colesterolo 0mg Sodio 807mg Carboidrati 8,8g Fibra 1,7g Zuccheri 4,6g Proteine 6,6g

Crema di zuppa di funghi

Tempo di preparazione: 15 minuti

Tempo di cottura: 40 minuti

Dosi: 2

INGREDIENTI:

- 1½ tazza e mezza di latte di mandorla non zuccherato
- 2 tazze di cavolfiore a fiori di cavolfiore
- Cipolla in polvere
- sale
- pepe nero
- 1 tazza e mezza di funghi bianchi a dadini
- ½ cucchiaino di olio extravergine di oliva

DIREZIONI:

1. Mettere in una casseruola il latte di mandorla, i fiori di cavolfiore, la cipolla in polvere, il sale e il pepe nero.
2. Coprire il coperchio e portare ad ebollizione. Abbassare il fuoco e lasciare cuocere a fuoco lento per circa 10 minuti. Trasferire in un robot da cucina e lavorare fino a lisciatura.
3. Nel frattempo, scaldare l'olio d'oliva in una casseruola e aggiungere i funghi. Cuocere per circa 7 minuti e mescolare con la purea di cavolfiore.
4. Far bollire lentamente, coperto per circa 10 minuti. Servire.

NUTRIZIONE: Calorie 76 Grassi 4.1g Colesterolo 0mg Sodio 168mg Carboidrati 8.6g Fibre 3.8g Zuccheri 3.3g Proteine 4.4g

Zuppa di Keto Taco

Tempo di preparazione: 15 minuti

Tempo di cottura: 28 minuti

Dosi: 2

INGREDIENTI:

- 1 cucchiaio di condimento per taco
- ¼ di libbra di manzo macinato
- 2 tazze di brodo di ossa di manzo
- 2 cucchiai di salsa ranch
- 2 cucchiai di pomodori a dadini

DIREZIONI:

1. Cuocere la carne macinata a fuoco medio-alto nella pentola grande per circa 10 minuti.

2. Aggiungere il condimento per taco e il brodo d'ossa e cuocere a fuoco lento per circa 8 minuti. Mescolare i pomodori e cuocere a fuoco lento per circa 10 minuti.

3. Togliere dal fuoco e lasciare raffreddare. Aggiungere la salsa ranch e mescolare bene per servire.

NUTRIZIONE: Calorie 136 Grassi 136 Grassi 3,7g Colesterolo 51mg Sodio 738mg Carboidrati 5,3g Fibra 0,2g Zuccheri 1,7g Proteine 18,2g

Zuppa di pomodoro

Tempo di preparazione: 15 minuti

Tempo di cottura: 10 minuti

Dosi: 2

INGREDIENTI:

- ½ di cipolla bianca media, tritata
- 15 oz. di pomodori in scatola a dadini, con il loro succo
- 1 spicchio d'aglio tritato
- ¾ tazza di crema pesante
- 2 cucchiai di foglie di basilico, julienne

DIREZIONI:

1. Mettere in una casseruola cipolla, pomodori, aglio e basilico e mescolare bene.
2. Cuocere a fuoco medio-alto per circa 10 minuti e trasferire in un frullatore ad immersione.

3. Purificare fino a lisciatura e mescolare con la crema pesante. Servire.

NUTRIZIONE: Calorie 207 Grassi 17,1g Colesterolo 62mg Sodio 29mg Carboidrati 12,7g Fibra 3,2g Zuccheri 6,8g Proteine 3,3g

Zuppa di cavolfiore al formaggio

Tempo di preparazione: 15 minuti

Tempo di cottura: 16 minuti

Dosi: 2

INGREDIENTI:

- ½ di cipolla gialla
- 1 cucchiaio di burro
- 2 tazze di brodo di pollo
- 1/3 tazza di formaggio cheddar, tritato
- 2 tazze di cavolfiore, tagliato in cimette

DIREZIONI:

1. Scaldare il burro in una pentola pesante e aggiungere le cipolle. Far soffriggere per circa 3 minuti e aggiungere brodo di pollo e cavolfiore.

2. Lasciare cuocere a fuoco lento per circa 10 minuti e trasferire in un frullatore a immersione. Frullare fino a lisciatura e tornare alla pentola.

3. Mescolare il formaggio cheddar e cuocere per circa 3 minuti fino a quando il formaggio non si è sciolto. Servire.

NUTRIZIONE: Calorie 201 Grassi 13,5g Colesterolo 35mg Sodio 952mg Carboidrati 9g Fibra 3,1g Zuccheri 4,4g Proteine 11,9g

Zuppa chiara ai funghi caldi

Tempo di preparazione: 15 minuti

Tempo di cottura: 11 minuti

Dosi: 2

INGREDIENTI:

- 1 tazza di funghi, tritati finemente
- 2 tazze d'acqua
- 1 cucchiaio di burro
- Sale, a piacere
- Pepe nero, a piacere

DIREZIONI:

1. Scaldare il burro in una pentola pesante e aggiungere i funghi. Cuocere a fuoco basso per circa 5 minuti e aggiungere acqua.
2. Condire con sale e pepe nero e cuocere per circa 6 minuti, mescolando di tanto in tanto. Mescolare in una ciotola e servire caldo.

NUTRIZIONE: Calorie 59 Grassi 59 Grassi 5,9g Colesterolo 15mg Sodio 128mg Carboidrati 1,2g Fibra 0,4g Zuccheri 0,6g Proteine 1,2g

Zuppa di funghi e spinaci

Tempo di preparazione: 15 minuti

Tempo di cottura: 7 minuti

Dosi: 2

INGREDIENTI:

- 2 tazze di brodo vegetale chiaro
- 1 tazza di spinaci, strappati in piccoli pezzi
- 1/3 tazza di funghi, tritati
- Sale e pepe nero, a piacere
- 1 cucchiaio di olio d'oliva

DIREZIONI:

1. Riscaldare l'olio d'oliva a fuoco medio in un wok antiaderente e aggiungere l'aglio. Far soffriggere per circa 1 minuto e aggiungere funghi e spinaci.
2. Far soffriggere per circa 2 minuti e versare in brodo vegetale chiaro. Condite con sale e pepe nero e fate cuocere per circa 4 minuti, mescolando di tanto in tanto.
3. Mescolare in una ciotola e servire caldo.

NUTRIZIONE: Calorie 76 Grassi 9,1g Colesterolo 0mg Sodio 810mg Carboidrati 2,9g Fibra 0,5g Zuccheri 2,3g Proteine 0,8g

Zuppa di pollo all'aglio cremoso

Tempo di preparazione: 15 minuti

Tempo di cottura: 17 minuti

Dosi: 2

INGREDIENTI:

- ½ petto di pollo grande, cotto e tritato
- 1 cucchiaio di burro salato
- 2½ once e mezzo di formaggio cremoso, a cubetti
- 1 cucchiaio di condimento all'aglio
- 7¼ oz di brodo di pollo

DIREZIONI:

1. Scaldare il burro in una casseruola a fuoco medio e aggiungere il pollo. Far soffriggere per circa 3 minuti e aggiungere il condimento all'aglio e la crema di formaggio.

2. Cuocere per circa 2 minuti e mescolare nel brodo di pollo, poi cuocere per circa 7 minuti fino a bollore e ridurre il calore a basso. Far bollire a fuoco lento entro 5 minuti e servire caldo.

NUTRIZIONE: Calorie 237 Grassi 237 Grassi 19.4g Colesterolo 72mg Sodio 488mg Carboidrati 4.4g Fibra 0.4g Zuccheri 1.4g Proteine 11.5g

Crema di zuppa di zucchine

Tempo di preparazione: 15 minuti

Tempo di cottura: 18 minuti

Dosi: 2

INGREDIENTI:

- ¾ di tazza di parmigiano, grattugiato fresco
- 1 zucchina media, tagliata a pezzi grossi
- 1 cucchiaio di panna acida
- Sale e pepe nero, a piacere
- 16 oz di brodo di pollo

DIREZIONI:

1. Mescolare zucchine e brodo di pollo a fuoco medio in una pentola e portare ad ebollizione.

2. Abbassare il fuoco e cuocere a fuoco lento per circa 18 minuti fino a quando sarà tenero. Togliere dal fuoco e trasferire in un frullatore a immersione.

3. Mescolare la panna acida e il purè fino ad ottenere un composto omogeneo. Aggiungere il formaggio e condire con sale e pepe nero per servire.

NUTRIZIONE: Calorie 238 Grassi 16,2g Colesterolo 45mg Sodio 1162mg Carboidrati 5,7g Fibra 1,1g Zuccheri 2,4g Proteine 19,3g

Crema di zuppa di asparagi

Tempo di preparazione: 15 minuti

Tempo di cottura: 23 minuti

Dosi: 2

INGREDIENTI:

- 2 tazze di brodo di pollo al sodio ridotto
- 1 cucchiaio di burro non salato
- ¾ di libbra di asparagi, tagliati a metà
- Sale e pepe nero, a piacere
- 3 cucchiai di panna acida

DIREZIONI:

1. Scaldare il burro in una pentola grande a fuoco medio-basso e aggiungere gli asparagi. Fate soffriggere per circa 3 minuti e mescolate il brodo di pollo, il sale e il pepe nero.

2. Portare ad ebollizione, coprire e cuocere per circa 20 minuti a fuoco lento. Togliere dal fuoco e trasferire in un frullatore insieme alla panna acida.

3. Pulsare fino a lisciatura e cucchiaio fuori in una ciotola per servire.

NUTRIZIONE: Calorie 140 grassi 9,7g Colesterolo 23mg Sodio 686mg Carboidrati 8,3g Fibra 3,6g Zuccheri 3,8g Proteine 7,6g

Zuppa di cipolla francese

Tempo di preparazione: 15 minuti

Tempo di cottura: 35 minuti

Dosi: 2

INGREDIENTI:

- 1/3 di libbra di cipolle marroni
- 1 cucchiaio di burro
- 2 gocce di liquido Stevia
- 1½ tazze e mezzo di brodo di manzo
- 1 cucchiaio di olio d'oliva

DIREZIONI:

1. Scaldare il burro e l'olio d'oliva in una pentola grande a fuoco medio-basso e aggiungere le cipolle.
2. Saltare in padella per circa 4 minuti e mescolare in brodo di manzo e stevia. Cuocere per circa 5 minuti e ridurre il calore al minimo.
3. Lasciate cuocere a fuoco lento per circa 25 minuti e mettetelo a bollire in ciotole da minestra per servire caldo.

NUTRIZIONE: Calorie 152 Grassi 13.2g Colesterolo 15mg Sodio 533mg Carboidrati 7.1g Fibra 1.6g Zuccheri 3.2g Proteine 2.6g

Zuppa di pollo verde Enchilada

Tempo di preparazione: 15 minuti

Tempo di cottura: 5 minuti

Dosi: 2

INGREDIENTI:

- ¼ di tazza di salsa Verde
- 2 oz. di formaggio cremoso ammorbidito
- ½ tazza di formaggio cheddar, tritato
- 1½ tazze e mezzo di brodo di pollo
- 1 tazza di pollo cotto, tritato

DIREZIONI:

1. Mettete il formaggio cheddar, la salsa Verde, la crema di formaggio e il brodo di pollo in un frullatore a immersione.

2. Frullare fino ad ottenere un composto omogeneo e versarlo in una casseruola di media grandezza. Cuocere per circa 5 minuti a fuoco medio e aggiungere il pollo tritato.

3. Cuocete per altri 5 minuti e mettetela in una ciotola per servirla calda.

NUTRIZIONE: Calorie 333 Grassi 219g Colesterolo 115mg Sodio 1048mg Carboidrati 3g Fibra 0.1g Zuccheri 1.2g Proteine 30.4g

Zuppa di gamberi ai funghi porcini

Tempo di preparazione: 15 minuti

Tempo di cottura: 15 minuti

Dosi: 2

INGREDIENTI:

- 6 oz. gamberetti extra piccoli
- 2 oz di formaggio cheddar, tritato
- ½ tazza di funghi, a fette
- ¼ di tazza di burro
- 12 oz. di brodo di pollo

DIREZIONI:

1. Mettete il brodo di pollo e i funghi in una zuppiera e portate ad ebollizione. Abbassare il fuoco e mescolare con burro e formaggio cheddar.
2. Mescolare bene e aggiungere i gamberi alla pentola della zuppa. Lasciate cuocere a fuoco lento per circa 15 minuti e metteteli in una ciotola per servire caldi.

NUTRIZIONE: Calorie 454 Grassi 34,9g Colesterolo 271mg Sodio 1684mg Carboidrati 3,1g Fibra 0,2g Zuccheri 1g Proteine 30,8g

Zuppa di pancetta e zucca

Tempo di preparazione: 15 minuti

Tempo di cottura: 8 ore e 5 minuti

Dosi: 2

INGREDIENTI:

- 1½ tazze e mezzo di pancetta, tagliata a dadini
- 100g di zucca, tagliata a dadini
- Acqua bollente
- Sale, a piacere
- 1 cucchiaio di burro

DIREZIONI:

1. Versare un po' d'acqua bollente nella pentola lenta. Aggiungere la zucca e il garretto di pancetta e coprire il coperchio.

2. Cuocere a fuoco lento per circa 8 ore e staccare la carne dalle ossa. Rimettere la carne nella pentola lenta insieme al sale e al burro.

3. Lasciate cuocere a fuoco lento per circa 5 minuti e mettetelo in una ciotola per servirlo caldo.

NUTRIZIONE: Calorie 286 Grassi 16,5g Colesterolo 108mg Sodio 186mg Carboidrati 4,1g Fibra 1,5g Zuccheri 1,7g Proteine 9,2g

Zuppa fredda di avocado alla menta

Tempo di preparazione: 15 minuti

Tempo di cottura: 0 minuti

Dosi: 2

INGREDIENTI:

- 1 avocado a media maturità
- 2 foglie di lattuga romana
- 1 tazza di latte di cocco, freddo
- Sale, a piacere
- 20 foglie di menta fresca

DIREZIONI:

1. Mettere le foglie di menta con il resto degli ingredienti in un frullatore e frullare fino ad ottenere un composto omogeneo.

2. Mettere in frigorifero per circa 20 minuti e togliere per servire fresco.

NUTRIZIONE: Calorie 309 Grassi 31,2g Colesterolo 0mg Sodio 99mg Carboidrati 9,1g Fibra 4,9g Zuccheri 4,1g Proteine 3,6g

Spezzatino Invernale Comfort

Tempo di preparazione: 15 minuti

Tempo di cottura: 50 minuti

Porzioni: 6

INGREDIENTI:

- 2 cucchiai di olio d'oliva
- 1 piccola cipolla gialla, tritata
- 2 spicchi d'aglio, tritati
- Manzo da 2 libbre alimentato con erba, tagliato a cubetti da 1 pollice
- 1 (14-oz.) può pomodori schiacciati senza zucchero
- 2 cucchiai di pimento macinato
- 1½ cucchiaino e mezzo di scaglie di peperone rosso
- ½ C. brodo di manzo fatto in casa
- 6 oz. di olive verdi snocciolate
- 8 oz. di spinaci freschi per bambini

- 2 cucchiai di succo di limone fresco
- Sale
- pepe nero macinato
- ¼ C. coriandolo fresco, tritato

DIREZIONI:

1. In una padella, scaldare l'olio a fuoco vivo e far soffriggere la cipolla e l'aglio per circa 2-3 minuti.

2. Aggiungere la carne di manzo e farla cuocere per circa 3-4 minuti o fino a quando non è rosolata, mescolando spesso. Aggiungere i pomodori, le spezie, il brodo e far bollire.

3. Regolare su basso e cuocere a fuoco lento, coperto per circa 30-40 minuti o fino a quando la carne di manzo desiderato doneness.

4. Mescolare le olive e gli spinaci e far cuocere a fuoco lento per circa 2-3 minuti, poi mescolare il succo di limone, il sale e il pepe nero e togliere dal fuoco. Servire caldo con la guarnizione di coriandolo.

NUTRIZIONE: Calorie: 388 Carboidrati: 8g Proteine: 485g Grassi: 17.7g Zucchero: 2.6g Sodio: 473mg Fibre: 3.1g

Stufato ideale a freddo

Tempo di preparazione: 20 minuti

Tempo di cottura: 2 ore e 40 minuti

Porzioni: 6

INGREDIENTI:

- 3 cucchiai di olio d'oliva, diviso
- 8 oz. di funghi freschi, squartati
- 1¼ lb. di carne di manzo arrosto, tagliata e tagliata a cubetti da 1 pollice
- 2 cucchiai di concentrato di pomodoro
- ½ cucchiaino di timo essiccato
- 1 foglia di alloro
- 5 C. brodo di manzo fatto in casa
- 6 oz. di radice di sedano, pelata e tagliata a cubetti
- 4 oz. di cipolle gialle, tritate grossolanamente
- 3 oz. di carota pelata e affettata
- 2 spicchi d'aglio, affettati
- Sale
- pepe nero macinato

DIREZIONI:

1. In un forno olandese, scaldare 1 cucchiaio d'olio a fuoco medio e cuocere i funghi per circa 2 minuti senza mescolare.
2. Mescolare il fungo e cuocere ancora per circa 2 minuti. Con un cucchiaio a fessura, trasferire il fungo su un piatto.
3. Nella stessa padella, scaldare l'olio rimanente a fuoco medio-alto e scottare i cubetti di manzo per circa 4-5 minuti.

4. Mescolare il concentrato di pomodoro, il timo e l'alloro e cuocere per circa 1 minuto. Mescolare nel brodo e far bollire.

5. Regolare il calore a bassa temperatura e far bollire lentamente, coperto per circa 1 ora e mezza. Mescolare i funghi, il sedano, la cipolla, la carota, l'aglio e l'aglio e far cuocere a fuoco lento per circa 40-60 minuti.

6. Mescolare il sale e il pepe nero e togliere dal fuoco. Servire caldo.

NUTRIZIONE: Calorie: 447 Carboidrati: 7,4g Proteine: 30,8g Grassi: 32,3g Zucchero: .8g Sodio: 764mg Fibre: 1,9g

SNACKS

Cracker al parmigiano

Tempo di preparazione: 10 minuti

Tempo di cottura: 5 minuti

Porzioni: 8

INGREDIENTI

- Burro - 1 cucchiaino
- Parmigiano reggiano grasso - 8 oz., tritato

DIREZIONE:

1. Preriscaldare il forno a 400°F.
2. Rivestire una teglia da forno con carta pergamena e ungere leggermente la carta con il burro.

3. Mettete il parmigiano a cucchiaio sulla teglia da forno in mucchietti, spalmate uniformemente a parte.

4. Stendete i tumuli con il dorso di un cucchiaio fino a quando non sono piatti.

5. Cuocere circa 5 minuti, o fino a quando i centri sono ancora pallidi e i bordi sono rosolati.

6. Togliere, raffreddare e servire.

NUTRIZIONE: Quantità per porzione Calorie   115 % Valore giornaliero*Grasso totale 7,8g   10% Grasso saturo 4,9g 25% Colesterolo 21mg   7% Sodio 457mg   20% Carboidrati 0% Zuccheri totali 0,2g Proteine   10,1g

Uova alla diavola

Tempo di preparazione: 15 minuti

Tempo di cottura: 10 minuti

Porzioni: 12

INGREDIENTI

- Uova grandi - 6 uova sode, pelate e dimezzate nel senso della lunghezza
- Maionese cremosa - ¼ di tazza
- Avocado - ¼, tritato
- Formaggio svizzero - ¼ di tazza, tritato
- Senape di Digione - ½ cucchiaino
- Pepe nero macinato
- Fette di pancetta - 6 cotte e tritate

DIREZIONE:

1. Togliere i tuorli e metterli in una ciotola. Mettete i bianchi su un piatto, con il lato cavo verso l'alto.

2. Schiacciare i tuorli con una forchetta e aggiungere la senape di Digione, il formaggio, l'avocado e la maionese. Mescolare bene e condire il composto di tuorli con il pepe nero.

3. Riportate il composto di tuorli nelle cavità dell'albume e ricoprite ogni metà dell'uovo con la pancetta tritata.

4. Servire.

NUTRIZIONE: Quantità per porzione Calorie   102 % Valore giornaliero* Totale Grassi 7.9g   13%   Colesterolo 95mg   11% Totale Carboidrati 0.8g   0%   Fibre alimentari 0.3g   1% Totale Zuccheri 0.2g   Proteine 7g

Cracker all'aglio alle mandorle

Tempo di preparazione: 10 minuti

Tempo di cottura: 15 minuti

Porzioni: 4

INGREDIENTI

- Farina di mandorle - ½ tazza
- Semi di lino macinati - ½ tazza
- Parmigiano Reggiano a pezzetti - 1/3 tazza
- Aglio in polvere - 1 cucchiaino
- Sale - ½ cucchiaino
- Acqua secondo necessità

DIREZIONE:

1. Preriscaldare il forno a 400°F. Allineare la teglia con carta pergamenacea.

2. In una ciotola capiente, mescolare sale, parmigiano, aglio in polvere, acqua, semi di lino macinati e farina di mandorle. Mettere da parte.

3. Mettete la pasta sulla teglia da forno e copritela con un involucro di plastica. Appiattire la pasta con il mattarello.

4. Togliere l'involucro di plastica e segnare la pasta con un coltello per fare ammaccature. Cuocere in forno per 15 minuti.

5. Rimuovere, raffreddare e rompere i singoli cracker.

NUTRIZIONE: Quantità per porzione Calorie   142 %
Valore giornaliero* Totale Grassi 9.1g   12%
Grassi saturi 2,7g   14% Colesterolo 10mg   3% Sodio 426mg
19% Totale carboidrati 5,8g   2% Fibra alimentare 4,3g   15%
Totale zuccheri 0,4g   Proteine 8g

Mela croccante

Tempo di preparazione: 5 minuti

Tempo di cottura: 2 minuti

Porzioni: 6

INGREDIENTI:

- 5 tazze di mele a fette
- 1 tazza e 1/2 di chia granola alla vaniglia
- 1/2 cucchiaino di zenzero macinato
- 1/2 limone, scorza di limone
- 1/4 di tazza di zucchero di canna
- 1 1/8 di cucchiaino di cannella
- 2 cucchiai di sciroppo d'acero
- 1 cucchiaino di estratto di vaniglia, non zuccherato
- 1/4 di tazza di olio di cocco
- 2/3 tazza di acqua
- Panna montata al cocco per servire

DIREZIONI:

1. Prendete una ciotola piccola, aggiungete la granola insieme a 2 cucchiai di zucchero e olio di cocco e mescolate fino ad ottenere un buon risultato.

2. Accendere la pentola istantanea, mettere le mele nella pentola interna, cospargere con lo zucchero rimasto, lo zenzero e 1 cucchiaino di cannella, irrorare con acero e vaniglia, versare l'acqua, stendere le fette di mela in uno strato uniforme e coprire uniformemente con il composto di granola.

3. Chiudete la pentola con il coperchio in posizione sigillata, premete il pulsante manuale, premete il pulsante +/- per impostare il tempo di cottura su 2 minuti, premete il livello di pressione per selezionare l'impostazione dell'alta pressione e lasciate cuocere; la pentola istantanea impiegherà 10 minuti per preriscaldarsi e poi il timer si avvierà.

4. Quando è fatto e il timer emette un segnale acustico, rilasciare la pressione attraverso il rilascio rapido della pressione; questo richiederà 3 minuti, e poi spostare con attenzione lo sfiato su "venting".

5. Nel frattempo, prendere una piccola ciotola, aggiungere la scorza di limone e la restante cannella e mescolare fino a quando non si mescola.

6. Aprite la pentola istantanea, lasciate riposare il croccante di mele per 5 minuti fino a quando la salsa non si sarà addensata, e distribuitelo in ciotole.

7. Guarnire il croccante di mele con la miscela di scorza di limone e servire con panna montata al cocco.

NUTRIZIONE: Calorie 293, Grassi 13, Carboidrati 13, Proteine 4

Yogurt al latte di soia

Tempo di preparazione: 5 minuti

Tempo di cottura: 14 ore

Porzioni: 4

INGREDIENTI:

- 32 once di latte di soia
- 2 cucchiai di yogurt alle mandorle

DIREZIONI:

1. Prendete due barattoli da due pinte, dividete il latte di soia in modo uniforme, poi aggiungete 1 cucchiaio di yogurt in ogni barattolo e mescolate fino a quando non sarà ben mescolato.
2. Accendere la pentola istantanea, posizionare i vasetti nella pentola interna e chiudere la pentola con il coperchio in posizione sigillata.
3. Premere il pulsante dello yogurt, premere il pulsante +/- per impostare il tempo di cottura su 14 ore, premere il livello di pressione per selezionare l'impostazione dell'alta pressione e lasciare cuocere; il pentolino istantaneo impiegherà 10 minuti per preriscaldare e poi il timer si avvierà.
4. Quando ha finito e il timer suona, spostate lo sfiato su "venting", aprite il coperchio e tirate fuori i barattoli di yogurt. Mescolare lo yogurt e servire subito o mettere in frigo fino a quando non è necessario.

NUTRIZIONE: Calorie 190, Grassi 1, Carboidrati 6, Proteine 9

Delizioso cioccolato ghiacciato

Tempo di preparazione: 20 minuti

Tempo di cottura: 0 minuti

Porzioni: 4

INGREDIENTI:

- 1 ½ tazza di panna da montare pesante
- 2 ½ cucchiai e mezzo di frutta del monaco Lecanto
- 1 cucchiaio di vaniglia
- 2 cucchiai di cacao in polvere non zuccherato

DIREZIONI:

1. Aggiungere tutti gli ingredienti nella grande ciotola di miscelazione.
2. Battere con il miscelatore manuale fino alla formazione dei picchi.
3. Mescolare la miscela nella borsa con chiusura a cerniera e metterla in frigorifero per 45 minuti.
4. Rimuovere una borsa con chiusura a cerniera dal frigorifero e tagliare l'angolo della borsa.
5. Spremere gelido in ciotole da portata. Servire fresco.

NUTRIZIONE: Calorie 230, Grassi 1, Carboidrati 8, Proteine

12

Torta al cioccolato

Tempo di preparazione: 10 minuti

Tempo di cottura: 35 minuti

Porzioni: 4

INGREDIENTI:

- Farina multiuso a ¾ di tazza
- ½ cucchiaino di bicarbonato di sodio
- ¼ di cucchiaino di sale
- ¼ di tazza di cacao in polvere, non zuccherato
- ½ cucchiaino di lievito in polvere
- ½ tazza di zucchero di cocco
- ½ cucchiaino di estratto di vaniglia, non zuccherato
- ¼ di tazza di olio d'oliva
- 1 cucchiaino di aceto di sidro di mele
- ½ tazza di latte di mandorla

DIREZIONI:

1. Prendere una ciotola, aggiungervi tutti gli ingredienti secchi e mescolare fino a quando non si è mescolato, mettere da parte fino a quando non è necessario.

2. Prendete un'altra ciotola, versate il latte, mescolate l'aceto e lasciate riposare il composto per 1 minuto.

3. Quindi montare lo zucchero a neve per 1 minuto fino a quando lo zucchero non si è sciolto, frullare nell'olio insieme agli altri ingredienti, e sbattere gradualmente nella miscela dell'ingrediente secco fino a quando non viene incorporata e si ottiene una pastella liscia.

4. Prendete una padella di metallo di 6 per 3 pollici, create un'imbracatura di pellicola, mettete la padella al centro, versate la pastella preparata, lisciate la parte superiore e coprite la padella con la pellicola.

5. Accendere la pentola istantanea, versare l'acqua nella pentola interna, inserire il supporto in velluto, posizionare la pentola con l'aiuto dell'imbracatura e chiudere la pentola con il coperchio in posizione sigillata.

6. Premere il pulsante manuale, premere il pulsante +/- per impostare il tempo di cottura su 35 minuti, premere il livello di pressione per selezionare l'impostazione dell'alta pressione e lasciare cuocere; la pentola istantanea impiegherà 10 minuti per preriscaldare e poi il timer si avvierà.

7. Quando è fatto e il timer emette un segnale acustico, rilasciare la pressione attraverso il rilascio naturale della pressione; questo richiederà 10 minuti, e poi spostare con attenzione lo sfiato su "venting".

8. Aprite la pentola istantanea, tirate fuori la tortiera, scopritela, lasciatela raffreddare per 5 minuti e poi tiratela fuori.

9. Trasferire la torta per farla raffreddare completamente, poi tagliarla a fette e servirla.

NUTRIZIONE: Calorie 326, Grassi 15, Carboidrati 12, Proteine 26

Apple Crumble

Tempo di preparazione: 10 minuti

Tempo di cottura: 35 minuti

Porzioni: 4

INGREDIENTI:

- 5 mele
- 3/4 tazza di avena rapida
- 1/4 di tazza di zucchero di cocco
- 1/4 di tazza di farina di farro
- 1/2 cucchiaino di sale
- 1 cucchiaio di sciroppo d'acero
- 2 cucchiaini di cannella
- 1/4 di tazza di olio di cocco fuso
- Acqua

DIREZIONI:

1. Prendete una ciotola, aggiungete l'avena e la farina, mescolate il sale e lo zucchero fino ad ottenere un composto omogeneo, irrorate con l'olio, quindi mescolate fino a quando il composto non sarà ben ricoperto e mettete da parte fino a quando non sarà necessario.

2. Versare l'acqua, coprire le mele con la miscela di avena preparata e chiudere la pentola con il coperchio in posizione sigillata.

3. Premere il pulsante manuale, premere il pulsante +/- per impostare il tempo di cottura 8 minuti, premere il livello di pressione per selezionare l'impostazione dell'alta pressione e lasciare cuocere; la pentola istantanea impiegherà 10 minuti per preriscaldare e poi il timer si avvierà.

4. Quando è fatto e il timer emette un segnale acustico, rilasciare la pressione attraverso il rilascio naturale della pressione; questo richiederà 10 minuti, e poi spostare con attenzione lo sfiato su "venting".

5. Aprire la pentola istantanea, mescolare il croccante e trasferirlo in un piatto.

6. Servire croccanti di mele con gelato.

NUTRIZIONE: Calorie 370, Grassi 6, Carboidrati 12, Proteine 34

Torta di mele

Tempo di preparazione: 15 minuti

Tempo di cottura: 50 minuti

Porzioni: 8

INGREDIENTI:

- 1 banana media, pelata, purè
- 1 mela media, pelata, a cubetti
- 1 tazza e 1/2 di acqua
- Gelato da servire
- 2 cucchiai di farina di mandorle
- 1/4 cucchiaino di cannella
- 1 cucchiaio di zucchero
- 1/2 tazza di farina di mandorle
- 1 tazza di farina di riso integrale
- 2 cucchiai di semi di lino macinati
- 1/4 di cucchiaino di sale
- 1 cucchiaio di lievito in polvere
- 1/4 cucchiaino di noce moscata
- 1/2 tazza di avena arrotolata
- 1/2 cucchiaino di cannella
- 3/4 tazza di zucchero
- 2 cucchiaini di estratto di vaniglia, non zuccherato
- 1 tazza di latte di mandorla, non zuccherato

DIREZIONI:

1. Preparate il condimento delle briciole e per questo, prendete una ciotola, metteteci tutti gli ingredienti e mescolate fino a

quando non sono mescolati, poi mettete da parte fino a quando non è necessario.

2. Preparare la torta e per questo, prendere un'altra ciotola, aggiungere banana, semi di lino e vaniglia, versare il latte e mescolare fino ad ottenere un composto.

3. Prendere una ciotola capiente, aggiungere la farina e l'avena, mescolare i semi di lino, lo zucchero, il sale, la cannella, il lievito, il lievito e la noce moscata fino ad ottenere un composto e poi frullare nel latte fino ad incorporare.

4. Aggiungere le mele e il purè di banane, piegare fino a quando non si è appena mescolato, poi prendere una tortiera da 6 pollici, foderare con carta pergamena, ungerla con olio, versare la pastella, coprire con la briciola preparata e poi coprire la tortiera con carta stagnola.

5. Accendere la pentola istantanea, versare l'acqua, inserire il supporto in trivella, posizionare la pentola su di essa e chiudere la pentola con il coperchio in posizione sigillata.

6. Premere il pulsante manuale, premere il pulsante +/- per impostare il tempo di cottura su 50 minuti, premere il livello di pressione per selezionare l'impostazione dell'alta pressione e lasciare cuocere; la pentola istantanea impiegherà 10 minuti per preriscaldare e poi il timer si avvierà.

7. Quando è fatto e il timer emette un segnale acustico, rilasciare la pressione attraverso il rilascio naturale della pressione; questo richiederà 10 minuti, e poi spostare con attenzione lo sfiato su "venting".

8. Aprire la pentola istantanea, estrarre la pentola, svelarla, lasciarla raffreddare per 10 minuti, poi trasferire la pentola sulla griglia e lasciarla raffreddare completamente.

9. Tagliate la torta a fette e servitela con il gelato.

NUTRIZIONE: Calorie 100, Grassi 11, Carboidrati 13, Proteine 24

Biscotti al cioccolato

Tempo di preparazione: 10 minuti

Tempo di cottura: 3 minuti

Porzioni: 1

INGREDIENTI:

- 3 cucchiai d'acqua
- 1 confezione di burro d'arachidi, burro d'arachidi, croccante al cioccolato a scelta

DIREZIONI:

1. In una ciotola, combinate il Medifast Brownie Mix e l'acqua fino ad ottenere una buona combinazione. Mettere da parte.
2. Mettere la barra di croccante su un piatto o un pirottino a prova di calore e versarvi sopra il Brownie Mix.
3. Mettere in un forno a microonde e cuocere per 2 minuti.

NUTRIZIONE: Calorie 298, Grassi 4, Carboidrati 21, Proteine 29

Panini al gelato al burro d'arachidi e burro d'arachidi

Tempo di preparazione: 10 minuti

Tempo di cottura: 2 minuti

Dosi: 2

INGREDIENTI:

- 1 pacchetto brownie Mix
- 3 cucchiai d'acqua
- 1 Barretta al burro d'arachidi o qualsiasi bar a scelta
- 2 cucchiai di burro d'arachidi in polvere
- 1 cucchiaio d'acqua
- 2 cucchiai di frusta fredda

DIREZIONI:

1. Sciogliere il Brownie Mix con acqua. Aggiungere il Peanut Butter Crunch fino a formare un impasto.
2. Cucchiaio 4 palline di pasta su un piatto e appiattire con il palmo delle mani. Assicurarsi che la pasta sia spessa ¼ di pollice.
3. Mettere in un forno a microonde e cuocere per 2 minuti.
4. Nel frattempo, mescolare il burro di arachidi in polvere e l'acqua per formare una pasta. Aggiungere la frusta fredda. Mettere da parte in frigo a raffreddare per almeno 1 ora.
5. Togliete i biscotti dal forno a microonde e lasciateli raffreddare.
6. Una volta raffreddati, mettete il gelato al burro d'arachidi tra due biscotti.

---

7. Servire immediatamente.

NUTRIZIONE: Calorie 156, Grassi 4, Carboidrati 21, Proteine 4

Coppe croccanti al burro d'arachidi

Tempo di preparazione: 10 minuti

Tempo di cottura: 2 minuti

Porzioni: 4

INGREDIENTI:

- 1 confezione Budino al cioccolato
- 3 cucchiai d'acqua
- 3 Barrette croccanti al burro d'arachidi

DIREZIONI:

1. Mettere il budino al cioccolato e l'acqua in una ciotola e mescolare fino ad ottenere una buona combinazione. Mettere da parte.

2. Mettete le barrette al burro di arachidi in un'altra ciotola e mettetele nel microonde per 20 secondi fino a quando non si saranno sciolte.

3. Versare le barrette croccanti al burro d'arachidi fuso nel budino e frullare fino ad ottenere un composto.

4. Versare la miscela nei portabicchieri in silicone per muffin e congelare per 2 ore.

NUTRIZIONE: Calorie 215, Grassi 6, Carboidrati 32, Proteine 2

DESSERTS

Torta al cioccolato al burro d'arachidi

Tempo di preparazione:15 min

Tempo di cottura: 2 ore

Porzioni: 10

INGREDIENTI

- 15,25 oz diavolo mangia torta mix
- 1 tazza d'acqua
- ½ tazza di burro fuso salato
- 3 uova
- Confezione da 8 oz di Mini Reese's Peanut Butter Cups
- 1 tazza di burro di arachidi cremoso
- 3 cucchiaini di zucchero semolato
- Coppette di burro d'arachidi Ten Reese

DIREZIONE:

1. In una ciotola capiente, unire la miscela della torta, il gelato, il burro e le uova fino ad ottenere un composto omogeneo. Tagliare le mini coppette di burro di arachidi.
2. Sciogliere il burro in padella e spalmarlo uniformemente.
3. Coprire e cuocere in alto per 2 ore.
4. Mettere il burro di arachidi in una piccola casseruola sul fuoco a fuoco medio. Mescolare fino a quando non sarà

sciolto e liscio. Aggiungere lo zucchero a velo e sbattere per ammorbidire.

NUTRIZIONE: Cal 607, Carboidrati 57 g, Proteine 13 g, Grasso 39 g, Grasso saturo 13 g

Crockpot Budino di mele

Tempo di preparazione: 20 min

Tempo di cottura: 3 ore

Porzioni: 10

INGREDIENTI

- 2 tazze di farina multiuso
- 2/3 tazza più ¼ di tazza di zucchero diviso
- 3 cucchiai di bicarbonato di sodio
- 1 cucchiaino di sale
- ½ tazza di burro freddo
- 1 tazza di latte
- 4 mele pelate e tagliate a dadini
- 1 ½ tazza di succo d'arancia
- ½ tazza di miele o zucchero di canna
- 2 cucchiai di burro fuso
- 1 cucchiaino di cannella

DIREZIONE:

1. Unire la farina, 2/3 di tazza di zucchero, il lievito in polvere e il sale. Tagliare il burro fino a quando non ci sono briciole spesse nell'impasto.

2. Togliere il latte dalle briciole fino a quando non diventa umido.

3. Ingrassare il fondo e i lati di una pentola lenta da 4 o 5 litri. Disporre la pasta sul fondo della pentola e stenderla in modo uniforme.

4. Sbattere il succo d'arancia, il miele, il burro, lo zucchero residuo e la cannella in un tegame medio. Decorare le mele.

5. Posizionare l'apertura del vaso con un panno pulito, posizionare il coperchio. Impedire che la condensa sul coperchio raggiunga il vaso. Mettere la pentola sopra e cuocere fino a quando le mele saranno tenere per 2 o 3 ore.

NUTRIZIONE: Cal 405 Grasso 9 g Grasso saturo 3 g Carboidrati 79 g Fibra 2 g Zucchero 63 g Proteine 3 g

Brownie Cookies

Tempo di preparazione:15 min

Tempo di cottura: 2 ore

Porzioni: 10

INGREDIENTI

- Una scatola di brownie mix
- 2 uova
- ¼ di tazza di burro fuso, ½ tazza di mini scaglie di cioccolato
- ½ c dadi tagliati opzionali
- 8 fette di pasta per biscotti o cucchiai ripieni di vasca da bagno

DIREZIONE:

1. Se lo si desidera, combinate il vostro brownie mix con burro, uova, scaglie di cioccolato e noci.
2. Cospargere l'interno del vostro fornello lento con uno spray antiaderente.
3. Mettere sul fondo 8 fette di pasta per biscotti preparati.
4. Versate il composto di brownie nella vostra pentola lenta e lisciatelo uniformemente.
5. Mettere il coperchio e cuocere per 2 ore.

NUTRIZIONE: 452 Cal, 21 g di grassi, 7 g di grassi saturi, 59 g di carboidrati, 38 g di zucchero, 5 g di proteine

Pane di scimmia al cioccolato e caramello

Tempo di preparazione:10 min

Tempo di cottura: 1 ora e 30 minuti

Porzioni: 6

INGREDIENTI

- ½ cucchiaino di zucchero
- ¼ di cucchiaino di cannella macinata
- 15 oz di biscotti al siero di latte
- 20 caramelle ricoperte di cioccolato al latte
- salsa al caramello da coprire (opzionale)
- salsa al cioccolato da includere (opzionale)

DIREZIONE:

1. Mescolare zucchero e cannella e mettere da parte.
2. Riempire un vaso con carta pergamenacea, coprire fino in fondo.

3. Avvolgere 1 impasto per biscotti al latticello intorno a una caramella al cioccolato per coprire completamente la caramella e chiudere la cucitura. Posizionare la caramella avvolta nei biscotti sul fondo del barattolo, iniziare dal centro della pentola e continuare sul lato.

4. Continuare ad avvolgere le caramelle e metterle nella pentola lenta, lasciando circa ½ pollice tra una e l'altra. Ripetere questi passaggi con i dolci avvolti nel secondo strato di biscotti. Cospargere il resto del composto di zucchero e cannella sull'impasto.

5. Coprire la padella e cuocere per 1 ora e 30 min. Dopo la cottura, togliere il coperchio e lasciarlo raffreddare leggermente. Utilizzare i bordi della carta pergamena per sollevare il pane di scimmia dal barattolo e spostarlo su una griglia. Lasciare raffreddare per almeno 10-15 min

6. Tagliate la carta da forno in eccesso intorno al bordo quando siete pronti a servire. Mettete il Monkey bread in una teglia o ciotola poco profonda e cospargete con salsa al cioccolato e salsa al caramello.

NUTRIZIONE: Cal 337k grassi saturi 16g Carboidrati 44g Fibra 1g Zucchero 12g Proteine 5g

Torta al caffè

Tempo di preparazione:10 min

Tempo di cottura: 3 ore

Porzioni: 10 a 12

INGREDIENTI

- 2 ½ tazze e mezzo di farina multiuso
- 1 ½ tazza di zucchero di canna confezionato
- 2/3 tazze di olio vegetale
- 1 ⅓ tazze di latte di mandorla
- 2 cucchiai di bicarbonato di sodio
- ½ cucchiaino di bicarbonato di sodio
- 1 cucchiaino di cannella macinata
- 1 cucchiaino di aceto bianco
- 1 cucchiaino di sale
- 2 uova
- ½ tazza opzionale dadi tagliati

DIREZIONE:

1. Sbattere la farina, lo zucchero di canna e il sale in una ciotola capiente. Aggiungere l'olio fino a renderlo friabile.

2. Mescolare il lievito in polvere, il lievito in polvere e la cannella con un cucchiaio di legno o una spatola nell'impasto della farina. Mettere il latte, l'olio, le uova e l'aceto in un misurino e mescolare fino a quando le uova non saranno schiacciate, aggiungerle al composto di farina e mescolare fino ad ottenere un composto omogeneo (l'impasto può essere leggermente grumoso).

3. Spruzzare uno spray da cucina antiaderente 5-7Q o una linea con uno spray da cucina lenta. Versare nella pentola con la pasta.

4. Cospargere le noci sulla pasta della torta alla fine.

5. Mettere un grosso tovagliolo di carta sopra l'inserto e metterci sopra il coperchio. Cuocere a fuoco vivo per 1 ½ - 2 ½ ore o fino a quando non si usa uno stuzzicadenti per pulire i bordi. Il centro è forse un po 'mal fatto nella parte superiore.

6. Servire caldo direttamente dalla pentola lenta o conservare fino a 3 giorni in un contenitore ermetico. Utilizzare la fodera della pentola lenta per servire in modo efficace. Potete sollevare l'intera scatola, sbucciarla e aiutare la torta in questo modo.

7. Utilizzare una teglia da 9 x 13 pollici spruzzata con olio da cucina antiaderente in un forno convenzionale e cuocere per circa 35 - 45 min.

NUTRIZIONE: Cal 411, Carboidrati 56 g, Proteine 6g, Grasso 19 g Grasso saturo 3g, Fibra 2g, Zucchero 33 g

Croccante alla mela e pera a cottura lenta

Tempo di preparazione:15 min

Tempo di cottura: 3 ore

Porzioni: 8

INGREDIENTI

- 4 mele, pelate e affettate ½ pollice
- 3 pere, pelate e affettate ½ pollice
- 1/3 tazza di zucchero di canna chiaro
- 1 cucchiaio di farina
- 1 cucchiaino di succo di limone
- ½ cucchiaino di cannella macinata
- ¼ cucchiaino di sale kosher
- Un pizzico di noce moscata tritata
- Per la glassa
- Farina multiuso a 3/4 di tazza
- 3/4 tazza di avena arrotolata
- ½ tazza di dadi tagliati
- 1/3 tazza di zucchero di canna chiaro
- ½ cucchiaino di cannella macinata
- ½ cucchiaino di sale kosher
- 8 cucchiai di burro non salato, tagliato a dadini

DIREZIONE:

1. Unire la farina, l'avena, le noci, lo zucchero, la cannella, lo zucchero e il sale per ottenere il condimento. Con le mani

premere il burro negli ingredienti secchi fino a quando non appare come briciole spesse; mettere da parte.

2. Coprire leggermente con uno spray antiaderente in una pentola lenta da 4 litri: mettere le mele e le pere nella pentola lenta. Aggiungere lo zucchero di canna, la farina, il succo di limone, la cannella, il sale e la noce moscata. Premete delicatamente le briciole nel burro con la punta delle dita.

3. Posizionare la pentola lenta con un panno pulito. Coprire e cuocere per 2 o 3 ore a fuoco lento o per 90 minuti ad alta temperatura, togliere il tessuto e continuare la cottura scoperta fino a quando la parte superiore è marrone e le mele sono tenere per circa 1 ora. Servire freddo.

NUTRIZIONE: Cal 267 Carboidrati 27 g Proteine 3g Grasso 17 g Grasso saturo 7 g Fibra 4 g Zucchero 16 g

Cheesecake perfetto

Tempo di preparazione:10 min

Tempo di cottura: 7 ore

Servizio: 20

INGREDIENTI

- Per la pasta:
- 1 ½ tazze e mezzo di briciole di graham cracker
- 6 cucchiai di burro fuso
- Per il ripieno della torta al formaggio:
- 24 g di formaggio cremoso
- 1 ½ tazza di panna acida
- 1 ¼ di tazza di zucchero granulato
- 5 uova grandi

- 3 cucchiai di farina multiuso
- 1 cucchiaio di estratto di vaniglia
- ½ cucchiaino di sale

DIREZIONE:

1. Cuocitore leggero ovale da 6 quintali a cottura lenta. Mettere un grosso pezzo di carta da forno sul fondo della teglia e coprirla con un rivestimento antiaderente. Mettere i cracker Graham in un robot da cucina per fare delle briciole. Poi, affinché il latte e la pompa si mescolino di nuovo. Versare le briciole nel barile e premere uniformemente sul fondo.

2. Togliere la ciotola dal robot da cucina e aggiungere la crema di formaggio e lo zucchero. Per un polso morbido. Raschiare, aggiungere la panna acida, le uova, la farina, la vaniglia e il sale. Purea a molto dolce.

3. Per il ripieno sulla crosta. Coprire la padella e cuocere lentamente per 5-7 ore fino a quando uno spiedo al centro non esce pulito. Togliere l'umidità dal coperchio in modo che non goccioli sulla cheesecake.

4. Mettere il vaso in frigorifero per almeno 3 ore e lasciarlo raffreddare. Passare con cura tutte le cheesecake attraverso i bordi della carta della ciotola. Sbucciare, tagliare e servire il tascabile!

NUTRIZIONE: Cal 278, Carboidrati 20 g, Proteine 4 g, Grassi 20 g, Grassi saturi 11 g, Zucchero 15 g

Pasticceria al limone a cottura lenta

Tempo di preparazione:10 min

Tempo di cottura: 2 ore e 30 minuti

Al servizio: 6

INGREDIENTI

- 1 3/4 tazza di farina
- ½ tazza di farina di mais gialla
- 3/4 di tazza di burro, dolce
- 1 ¼ di tazza di zucchero
- 1 tazza di panna acida
- 1 tazza di zucchero semolato
- 2 uova
- cucchiai di scorza di limone, cucchiaino di estratto di vaniglia, 1 cucchiaio di semi di papavero, 2 cucchiai e mezzo di succo di limone, un cucchiaio di bicarbonato di sodio, 1 cucchiaio di bicarbonato di sodio, ½ cucchiaino di sale

DIREZIONE:

1. Coprire una pentola lenta con carta da forno leggermente unta, 6 litri.
2. Unire la farina, la farina di mais, il lievito in polvere, il lievito in polvere e il sale in una ciotola di media grandezza. Mettere da parte.
3. Sbattere il burro e lo zucchero con un miscelatore elettrico fino ad ottenere un composto omogeneo, circa 2 min.
4. Aggiungere le uova e sbattere per altri 2 minuti
5. Mescolare la panna acida, la scorza di limone, l'estratto di vaniglia e i semi di papavero con il mixer a fuoco lento.

6. Aggiungere il composto di farina lentamente e mescolare bene.

7. Versare l'impasto nella pentola lenta con carta da forno per 2 ore, da 15 a 2 ore e 30 minuti, coprire e cuocere caldo. La torta deve essere posta al centro.

8. Togliere il coperchio e spegnere la pentola lenta.

9. In una ciotola piccola, sbattere il succo di limone e lo zucchero a velo.

10. Va tutto bene. Toglierlo dall'inserto e metterlo su una griglia di raffreddamento. Spruzzare la miscela di limone e zucchero sulla parte superiore.

NUTRIZIONE: Cal 339

Torta di limetta a forma di calce

Tempo di preparazione:20 min

Tempo di cottura: 4 ore

Porzioni: 8

INGREDIENTI

- 15,25 oz Betty Crocker French Vanilla Cake Mix Box
- 44 oz Riempite con torta al lime {2 scatole da 22 oz ciascuna}
- 8 cucchiai o ½ tazza di burro fuso {1 bastoncino}

DIREZIONE:

1. Spruzzare l'interno della pentola di argilla con uno spray da cucina antiaderente. Le teglie da torta al lime vuote riempiono il fondo della pentola d'argilla e lo distribuiscono uniformemente.

2. Mescolare la torta alla vaniglia essiccata con il burro fuso in una ciotola capiente e mescolare fino a farla sbriciolare. Rompere i pezzi grandi in piccoli pezzi di cucchiaio}.

3. Versare il composto di torta/burro sbriciolato sul composto di barattolo di calce, spalmarlo uniformemente e coprire il barattolo con il coperchio.

4. Cuocere 2 ore in alto o 4 ore in basso.

5. Servire con gelato o panna montata e GUSTO.

NUTRIZIONE: Cal 280 Carboidrati 58 g Proteine 2g Grasso 4 g Grasso saturo 2g Zucchero 41 g

Salsa Crockpot Candy Sauce

Tempo di preparazione:5 min

Tempo di cottura: 9 ore

Porzioni: 4

INGREDIENTI

- 28 oz di latte condensato dolce
- 4 barattoli di vetro con bocca piena {8 oz ciascuno}

DIREZIONE:

1. Per il latte condensato zuccherato in 4 contenitori, lasciando 1 " di spazio nella parte superiore di ogni scatola.
2. Tappi a vite massicci.
3. Mettete i vasetti nel Crockpot e riempite il Crockpot con acqua tiepida fino a quando i vasetti non saranno completamente sommersi, con circa 1''' di acqua supplementare sui tappi delle bottiglie.
4. Cuocere 9 ore a fuoco lento.
5. Togliere con cautela i vasetti con le pinzette dopo 9 ore e lasciarli raffreddare per 30 min.
6. Una volta che i vasetti si sono raffreddati, togliete i coperchi, prendete le fette di mela e immergetele nella vostra deliziosa salsa al caramello.

NUTRIZIONE: Cal 91 Carboidrati 15 g Proteine 2 g Grassi 2 g Grassi saturi 1 g Potassio 105 mg Zucchero 15 g

Crockpot di ciliegie

Tempo di preparazione:5 min

Tempo di cottura: 4 ore

Porzioni: 8

INGREDIENTI

- 15,25 once Betty Crocker's Devil Cake Mix
- 42 oz Riempimento con torta di ciliegie {2 scatole da 21 oz ciascuna}
- ½ tazza di burro fuso {8 cucchiai di burro fuso o 113 g}

DIREZIONE:

1. Spray antiaderente spray da cucina
2. 2 nella pentola lenta.
3. Svuotare le teglie di ciliegie in fondo al Crockpot e distribuirle in modo uniforme.
4. Mescolare la torta secca con il burro fuso in una ciotola media e mescolare fino a farla sbriciolare. Rompere i pezzi grandi in piccoli pezzi di cucchiaio}.
5. Versare il composto di torta e burro sulle ciliegie Crockpot, spalmarlo uniformemente e coprire il Crockpot con un coperchio.
6. Cuocere 2 ore in alto o 4 ore in basso. Servire con gelato o panna montata. GODA!

NUTRIZIONE: 566 Cal, 17 g di grassi, 11 g di grassi saturi, 98 g di carboidrati, 1 g di fibre, 37 g di zucchero, 3 g di proteine

Crockpot torta di zucca

Tempo di preparazione:5 min

Tempo di cottura: 2 ore

Porzioni: 8

INGREDIENTI

- 15,25 oz Betty Crocker Spice Cake Mix {1 Box}
- 15 oz di Libby Pure Pura Zucca {1 scatola}
- ½ tazza di salsa di mele
- 3 uova
- 1 cucchiaino di torta di zucca alle erbe

DIREZIONE

1. Battere tutti gli ingredienti con un frullatore per 1 minuto.
2. Spruzzare il rivestimento antiaderente nella pentola lenta.
3. Versare e coprire la miscela nel Crockpot.
4. Cuocere in forno per 1,5 - 2 ore o fino a cottura completa.
5. Non taglio con cura i pezzi direttamente da Crock Pot fino a dopo la torta.

NUTRIZIONE: Totale CARBONI NETTO 4,42 g, Cal 344, Grasso 30,38 g, Carboidrati 10,03 g, Fibra 5,61 g, Proteine 8,26 g

PIANO DEI PASTI
DIETETICI DI 30 GIORNI

GIORNO	COLAZIONE	PRANZO	CENA
1	Uova sode veloci	Keto Red Curry	Gustoso Pollo a pezzetti
2	Salsiccia Sughetto	Tempeh agrodolce	Pollo alle erbe aromatiche
3	Casseruola per la prima colazione messicana	Impacchi di Keto con crema di formaggio e salmone	Insalata di pancetta di pollo
4	Pasto facile della mandorla di Carb basso	Casseruola di tonno	Ali di pollo croccanti facili
5	Colpi di lampone Chia Pudding al lampone	Keto Hamburger	Pollo all'arancia dolce e salato
6	Polpettine al salmone	Ali di pollo e condimento per formaggi blu	Pollo alla citronella
7	Insalata di pancetta e uova	Keto Bacon Sushi	Pollo intero succoso e tenero
8	Feta-Olive Scramble	Cole Slaw Keto Wrap	Croccante Croccante Croccante di

			pollo intero
9	Salsicce di mela	Hamburger di salmone con burro di limone e purè	Kabab di pollo
10	Panino al formaggio alla griglia	Gamberi con asparagi	Ali di pollo all'aglio Ranch
11	Asparagi arrostiti, pancetta e uova al forno	Stufato di pesce	Frittelle di pollo
12	Scramble di salmone affumicato	Insalata di pomodoro e mozzarella	Impacchi di pollo-avvocado di lattuga
13	Frittelle di ricotta al mirtillo	Insalata di cetrioli e pomodori	Stufato di agnello irlandese
14	Piazze per la prima colazione	Casseruola di pollo e broccoli	Pollo Fajita al cocco
15	Prima colazione all'inglese	Tacchino Chili	Pollo al curry con lime
16	Tortini di granchio con farina di mandorle	Insalata di pesce facile	Pollo con verdure
17	Mascarpone Biscotti Amaretti a scatto	Polpettine di tonno nutrienti	Pancetta candita
18	Frittelle di	Merluzzo al	Hamburger

	pollo al formaggio con salsa all'aneto	burro rapido	di pancetta piccante
19	Crosta di maiale croccante e bastoncini di zucchine	Tilapia al forno	Polpettone di carne alle erbe
20	Purè di pancetta di cavolfiore	Insalata di gamberi e avocado	Pollo dei Caraibi
21	Zuppa di cavolfiore arrosto al curry rosso piccante	Gamberi alla paprika	Pattie giamaicano
22	Crema di zuppa di funghi	Pesce limone Zingy	Bistecca cubana con cipolle
23	Zuppa di Keto Taco	Pesce Keto Thai con curry e cocco	Spiedini di filetto di maiale al cocco e zenzero
24	Zuppa di pomodoro	Sgombro cremoso	Asparagi arrostiti
25	Zuppa di cavolfiore al formaggio	Sgombro alla calce	Zuppa di cavolfiore e parmigiano
26	Zuppa chiara ai funghi caldi	Tilapia di curcuma	Insalata di mozzarella di pomodoro
27	Zuppa di funghi e	Miscela di salmone alle	Gnocchi

		spinaci	noci	
28	Zuppa di pollo all'aglio cremoso	Pollo al parmigiano	Cavolini di Bruxelles arrostiti
29	Crema di zuppa di zucchine	Deliziose ali di pollo	Purè di cavolfiore
30	Crema di zuppa di asparagi	Gustosi spiedini di pollo	Finocchio brasato al limone

CONCLUSIONE

Dopo aver finito l'analisi della Keto Diet e aver scoperto tutto quello che volevate sapere sul vostro piano dietetico, è il momento di fare un piano per il futuro. A questo punto, la vostra priorità dovrebbe essere quella di sapere come potete continuare con la Keto Diet in futuro.

È una buona idea chiedere a uno dei vostri amici o familiari se hanno già seguito queste diete e se pensano che siano efficaci. Tuttavia, dovete tenere presente che molte persone che perdono peso con la Dieta Keto tendono a riacquistarla rapidamente, quindi vorrete evitare che ciò accada.

La dieta chetogenica è un approccio molto più sano alla perdita di grasso e al mantenimento del peso rispetto ai programmi dietetici convenzionali. Non solo il vostro corpo perderà una buona quantità di peso, ma diventerà anche più magro allo stesso tempo. La dieta fornisce numerosi benefici anche per gli individui atletici. Li alimenta con un'abbondanza di carburante mentre fanno esercizio fisico. Tuttavia, bisogna tenere presente che la chetosi può essere un processo difficile da superare, soprattutto quando si è appena agli inizi.

La dieta chetogenica è raccomandata per chi cerca di perdere peso rapidamente e per chi vuole conservare la propria massa muscolare magra mentre segue una dieta restrittiva. E 'più spesso utilizzato nei pazienti che soffrono di epilessia in quanto è un trattamento efficace. La dieta comporta alcuni rischi come vertigini, nausea e vomito. Se questo si verifica, si dovrebbe interrompere la dieta e prendere pasti o spuntini extra durante il giorno solo per prevenire le vertigini. Nausea e vomito possono essere controllati con l'assunzione di un farmaco anti-nausea. La dieta non è consigliata anche alle donne in gravidanza o alle madri che allattano, poiché la presenza di chetoni può causare danni al vostro bambino se ne consumate a sufficienza. Infine, qualsiasi cosa facciate, non consumate alcool durante la dieta chetogenica, perché rallenterà la produzione di chetoni e potrebbe causare l'uscita dalla chetosi e l'aumento di peso.

Dopo anni di ricerche, abbiamo trovato alcuni semplici modi per ridurre, bloccare e possibilmente invertire i livelli elevati di zucchero nel sangue e di insulina associati al diabete.

Tuttavia, poiché questo modo di mangiare è così diverso da quello che la maggior parte delle persone mangia giorno dopo giorno, potrebbe essere necessario un po' di tempo prima che il corpo si abitui. Questo periodo di transizione può includere sintomi come la fame (soprattutto quando non si mangia da molto tempo), il desiderio di carboidrati o dolci (dopo tutto, si sta mettendo il corpo in astinenza dallo zucchero), e bassa energia.

Ecco alcuni consigli per aiutarvi a superare questo tempo. Dovrebbero aiutare il vostro corpo ad adattarsi e a sentirsi meglio durante il viaggio: Smettete di mangiare carboidrati almeno 2 ore prima di andare a letto. Se avete fame, potete mangiare un pezzo di frutta o di verdura inamidata se avete fame, ma se ne mangiate troppi aumenteranno di nuovo i livelli di zucchero nel sangue e di insulina, facendovi sentire stanchi il giorno dopo. Se avete bisogno di uno spuntino, mangiate uova sode sotto forma di cibo intero o un pezzo di frutta. Se avete ancora fame, prendete una porzione di proteine. (Si consiglia di mangiare 1 grammo di proteine ogni 1 grammo di carboidrati, ma cercate di puntare a qualcosa di più).

Bere almeno 12 bicchieri d'acqua al giorno.

La dieta chetogenica è anche conosciuta come dieta a basso contenuto di carboidrati o dieta Atkins. Prende il nome dal Dr. Robert C. Atkins, che ha sviluppato il piano nel 1980. Il piano è considerato uno dei primi piani mai creati che ha comportato l'uso di basso contenuto di carboidrati per la perdita di peso. Il Dr. Atkins ha creato il piano per affrontare i suoi problemi che sono stati descritti come un caso grave

di epilessia e anche di problemi cardiaci. Molte persone credono che questa dieta dovrebbe essere usata solo per un lungo periodo di tempo e che dovrebbe essere parte di un cambiamento di stile di vita che comporta l'evitare completamente i carboidrati. Tuttavia, la dieta non è destinata ad essere seguita per tutta la vita e può essere utilizzata, tra l'altro, come un'efficace strategia di perdita di peso. La dieta comprende alimenti ad alto contenuto di grassi come burro, carne, oli, noci e uova. Gli alimenti che si possono mangiare includono anche le verdure, ma non si possono mangiare verdure amidacee nella dieta chetogena. Dovreste anche evitare i dolci zuccherati e gli alimenti ad alto contenuto di carboidrati.

CPSIA information can be obtained
at www.ICGtesting.com
Printed in the USA
BVHW041727090421
604613BV00009B/216